I. GUTTENTAG · VERLAGSBUCHHANDLUNG

1820 1853

Bemerkungen

über

den vorläufigen Entwurf

eines

allgemeinen Berggesetzes

für die

Preußischen Staaten.

Von

Eduard Strohn,

Justizrath und Rechts-Anwalt des Königl. Ober-Tribunals.

Berlin.

Verlag von J. Guttentag.

1863.

Das Bedürfniß eines Berggesetzes für den ganzen Staat ist in den Motiven zur Genüge nachgewiesen. Auch ist der Entwurf, sowohl was Inhalt als was Fassung betrifft, im Ganzen als gelungen anzuerkennen, dessen Einführung auch in seiner gegenwärtigen Gestalt nur als ein erheblicher Fortschritt zum Besseren bezeichnet werden könnte. Wenn dessenungeachtet in den nachfolgenden Bemerkungen der Entwurf bei vielen Punkten bemängelt wird, so hat mich nur der Wunsch geleitet, zur Verbesserung des zwar guten, aber gleich jedem menschlichen Erzeugnisse doch immer noch verbesserungsfähigen, wichtigen Werks, so viel meine Kräfte gestatten, mitzuwirken.

Erster Titel.

Allgemeine Bestimmungen.

Nach den Motiven (S. 7) wird beabsichtigt, den in der Preußischen Berggesetzgebung fast abgestorbenen und in den linksrheinischen Landestheilen schon durch das französische Bergrecht beseitigten Begriff der Bergregalität gänzlich fallen zu lassen und an die Stelle des Bergregals die auch für den Bergbau ausreichenden allgemeinen Hoheitsrechte des Staats zu setzen. Im Anschluß hieran wird Seite 11 bemerkt, es bedürfe keiner näheren Darlegung mehr, daß, seitdem das neue Berg- und Staatsrecht die rechtliche wie praktische Unhaltbarkeit des Begriffs der Bergregalität entschieden anerkannt habe, letzterer in dem zu erlassenden Berggesetze nicht beibehalten werden könne. Dies ist nach Seite 20 die Veranlassung des §. 2 des Entwurfs, welcher mit der Ueberschrift:

„Hoheitsrecht"

versehen, lautet:

„Die Aufsuchung und Gewinnung der im §. 1 namhaft gemachten Mineralien ist nur nach den Vorschriften des gegenwärtigen Gesetzes gestattet."

Augenscheinlich drückt jedoch der §. 2 das nicht aus, was er ausdrücken soll; er sagt nur etwas eben so Selbstverständliches, als ein Gesetz, welches bestimmte, die Gesetze müssen befolgt werden aussprechen würde. Er paßt auch zu der Ueberschrift: Hoheitsrecht, nicht, da dasselbe offenbar nicht darin besteht, daß die Aufsuchung und Gewinnung der im §. 1 aufgeführten Mineralien nur nach den Vorschriften des vorliegenden Gesetzes gestattet ist. Zudem besteht, wenigstens nach gemeinem Recht, zwischen Regalien und Hoheitsrechten nicht der Gegensatz, den die Motive annehmen, indem, wenn man auch nach den Bestimmungen des Allgemeinen Landrechts Hoheitsrechte mit Majestätsrechten für identisch halten will, wiewohl dies nicht klar ausgesprochen ist, (§. 5 ff. II. 13, §. 2 II. 14, §. 18, Th. II, Tit. 17, §. 229 seq. II, 20, A. L.-R.), doch nach gemeinem Rechte die Ausdrücke „Hoheitsrechte" und „Regalien" gleichbedeutend sind und wie wesentliche Regalien so auch wesentliche Hoheitsrechte von den niederen oder zufälligen Regalien und Hoheitsrechten unterschieden werden (Eichhorn, Einleitung in das deutsche Privatrecht, §. 266). Endlich soll aber auch in Wirklichkeit keineswegs die Bergregalität durch das beabsichtigte Berggesetz aufgehoben, vielmehr so wie sie bisher nach den Bestimmungen der landrechtlichen Berggesetzgebung bestand, vermöge welcher die zum Bergregal gehörigen Mineralien, obgleich herrenlos, doch nur mit Einwilligung des Staates (Concession) in Besitz genommen und dadurch occupirt werden können (vergl. meine Bemerkungen in Striethorst's Archiv, Bd. 33, S. 365), im Wesentlichen auch künftig beibehalten werden. So wenig die in Folge des Gesetzes vom 12. Mai 1851 durch die Instruction vom 8. März 1852 thatsächlich eingeführte und durch das Gesetz vom 21. Mai 1860 anerkannte und näher bestimmte Beschränkung der Einwirkung der Bergbehörden auf den Bergbaubetrieb den Begriff der Bergregalität beseitigt hat, eben so wenig geschieht dies durch den gegenwärtigen Gesetzentwurf. Nur dann, wenn wie z. B. das Eisen in Schlesien, die Kohlen in den vormals kursächsischen Landestheilen, die im §. 1 genannten Mineralien für Zubehör des Grund und Bodens erklärt würden, bei deren Gewinnung der Grundeigenthümer ebenso unbeschränkt wäre, als er dies bei den übrigen Gegenständen seines Eigenthums ist, könnte von einer Aufhebung der Bergregalität die Rede sein. Auch besteht letztere in dem oben angegebenen Sinne in den dem französischen Bergwerksgesetze vom 21. April 1810 unterworfenen linksrheinischen Landestheilen nicht weniger, als in den Gebieten des gemeinen und landrechtlichen Bergrechts, indem erst der Concessionsakt das Eigenthum der im Art. 2 näher bezeichneten Bergwerke giebt und nur auf Grund desselben diese Bergwerke betrieben werden können (Art. 5—7 des Gesetzes vom 21. April 1810).

Hiernach dürfte der §. 2 des Entwurfs gänzlich in Wegfall zu bringen und der Eingang des §. 3 etwa dahin abzuändern sein: Nach näherer Bestimmung des gegenwärtigen Gesetzes hat Jedermann das Recht u. s. w.

Vielleicht wird eingewandt: Nach den §§. 1—6, Th. 2, Tit. 16 A. L.-R. habe der Staat ein vorzügliches Recht zum Besitze auf unterirdische Schätze der Natur, auf welche noch Niemandem ein besonderes Recht verliehen worden sei. Dies Recht zähle der §. 22, Th. II., Tit. 14 daselbst zum gemeinen Eigenthume des Staates, dessen Nutzungsrecht nach §. 24 daselbst zu den niederen Regalien gehöre, welche, wie der §. 26 daselbst bestimme, von Privatpersonen und Communen erworben und besessen werden könnten. In Gemäßheit dieser durch den vorliegenden Gesetzentwurf nicht berührten Bestimmungen könnten deshalb auch künftig die dem Staate in Beziehung auf den Bergbau zustehenden Rechte, wenigstens soweit sie nicht als wesentliche Hoheitsrechte erschienen, an Privatpersonen und Communen veräußert werden, wenn der §. 2 des Entwurfs weggelassen würde.

Dem ist indessen entgegenzusetzen, daß die Frage der Veräußerlichkeit jener Rechte in das Staats- und nicht in das Bergrecht gehört, eine Uebertragung der Bergregalität von Seiten des Staats an eine Privatperson oder Commune in Zukunft überhaupt nicht zu erwarten und endlich die Unveräußerlichkeit auch nicht durch den §. 2 des Entwurfs in seiner jetzigen Fassung ausgesprochen ist.

Sollte dessenungeachtet eine hierauf bezügliche Bestimmung für wünschenswerth erachtet werden, so dürfte dem §. 2 mit der Ueberschrift: „Unveräußerlichkeit der Rechte des Staats in Betreff des Bergbaues", folgende Fassung zu geben sein:

„Die nach dem gegenwärtigen Gesetze dem Staate in Beziehung auf den Bergbau zustehenden Rechte sind unveräußerlich."

Der §. 3 würde alsdann in seinem Eingange so, wie oben angegeben ist, abzuändern sein.

Im Anschluß an die Bemerkungen über die Beseitigung der Bergregalität wird in den Motiven S. 13 ff. die dem Entwurf zum Grunde liegende Theorie über den Gegenstand des Bergwerks-Eigenthums entwickelt. Die landrechtliche Annahme, nach welcher die im Schooße der Erde ruhenden Mineralien herrenlose Sachen sind, soll verlassen, statt dessen anerkannt werden, daß die Mineralien, so lange sie sich noch ungewonnen auf ihren natürlichen Lagerstätten befinden, Bestandtheile des Grund und Bodens seien, deshalb nicht als Sachen in rechtlichem Sinne und somit auch nicht als herrenlose Sachen betrachtet werden könnten. Hieraus wird unter Berücksichtigung, daß die der allgemeinen Bergbaufreiheit vorbehaltenen Mineralien aus der Rechtssphäre des Grundeigenthümers vollständig ausgeschieden seien, die Nothwendigkeit und das Wesen der Bergbauberechtigung hergeleitet als eines durch die Verleihung von Seiten des Staates geschaffenen, ausschließlichen, objectiv dinglichen Rechts, welchem der Platz unter denjenigen besondern dinglichen Rechten die im Preußischen Recht als Gerechtigkeiten bezeichnet werden, und zwar unter den Gewerbeberechtigungen angewiesen wird; das Bergbaurecht wird als eine durch die Verleihung des Staats geschaffene, mit dem Besitze eines bestimmten Grubenfeldes verbundene, ausschließliche, veräußerliche und vererbliche Berechtigung zum Bergwerksbetriebe bezeichnet.

Dieser Ausführung kann ich mich nicht anschließen. Die

bekante Streitfrage ist: Was ist Gegenstand des Bergwerkeigenthums, eine körperliche Sache, nämlich die verliehenen Mineralien, oder blos das Recht, diese Mineralien, mit Ausschluß Anderer, zu fördern? Wenn nun wirklich auch die letztere Ansicht die richtige wäre, so würde doch das dem Beliehenen zustehende Recht nicht als eine Gewerbeberechtigung im Sinne unserer früheren Gesetze anzusehen sein. Eine solche bestand vor Einführung der allgemeinen Gewerbefreiheit bekanntlich darin, daß, insofern es sich nicht um eine persönliche Gewerbeberechtigung handelte, nur die Besitzer gewisser Grundstücke zur Ausübung des betreffenden Gewerbes befugt waren. Von einer solchen Befugniß ist hier gar nicht die Rede. Es kann dahingestellt bleiben, ob der Bergbaubetrieb als ein Gewerbe anzusehen ist. Jedenfalls ist das Recht, Bergbau zu treiben, ein allgemeines Recht, welches nicht durch den Besitz eines gewissen Grundstücks bedingt ist, sondern, abgesehen von den Beschränkungen der Bergbeamten, Jedem zusteht. Zwar kann nur derjenige Bergbau treiben, welcher ein Bergwerk besitzt, allein daraus folgt nicht eine mit dem Grubenfelde verbundene Gewerbeberechtigung im Sinne unserer früheren Gesetze. Niemand kann ein Gewerbe betreiben, der nicht die Gegenstände des Gewerbes besitzt, Niemand Bier, Branntwein u. dgl. ausschänken, wenn er nicht solche Getränke besitzt. So wenig aber, um bei diesem Beispiele stehen zu bleiben, aus der dem Schankwirth zustehenden Gewerbeberechtigung auf die Natur des Rechts geschlossen werden kann, welches ihm an den von ihm auszuschänkenden Getränken zusteht, oder gar Letzteres als eine Gewerbegerechtigkeit angesehen werden kann, ebensowenig kann auch das dem Beliehenen an den ihm in Beleihung ertheilten Mineralien zustehende Recht für eine Gewerbegerechtigkeit erklärt werden.

In der Begründung der vorstehend mitgetheilten rechtlichen Deduction des Entwurfs scheint mir aber auch ein Widerspruch zu liegen. Wenn nämlich die der allgemeinen Bergbaufreiheit vorbehaltenen Mineralien aus der Rechtssphäre des Grundeigenthümers vollständig ausgeschieden sind, so sind sie auch nicht Eigenthum des Letzteren, und da sie gleich wenig dem Staate oder irgend einem Dritten gehören, so müssen sie nothwendiger Weise herrenlose Sachen sein.

Endlich kann die Richtigkeit der Annahme, nach welcher die anstehenden Mineralien, als Bestandtheile des Grund und Bodens, nicht als Sachen im rechtlichen Sinne und deshalb auch nicht als herrenlose Sachen zu betrachten sein sollen, nicht zugegeben werden. Den noch im Schooße der Erde ruhenden Mineralien fehlt allerdings die äußere Selbstständigkeit, indem sie mit fremden Sachen körperlich zusammenhängen. Dieser Mangel steht aber dem Begriffe einer Sache im rechtlichen Sinne, welche Gegenstand des Eigenthums sein kann, nicht entgegen. Die äußere Selbstständigkeit in dem angegebenen Sinne fehlt jedem Bestandtheile der Erdoberfläche, weshalb, wenn sie Bedingung von Sache und Eigenthum wäre, auch an irgend einem Theile der Erdoberfläche Eigenthum nicht möglich sein würde, und somit von unbeweglichen Sachen und Eigenthum an ihnen gar nicht die Rede sein könnte. Nach §. 3, Th. I., Tit. 2 A. L.-R. ist Sache im engeren Sinne des Worts Alles, was entweder von Natur oder durch Uebereinkunft der Menschen eine Selbstständigkeit hat, vermöge deren es Gegenstand eines dauernden Rechts sein kann. Diese von Puchta, Vorlesungen §. 144, im Gegensatz der erwähnten äußeren als innere Selbstständigkeit bezeichnete Bedingung einer Sache ist nun aber in Beziehung auf ein Grubenfeld davon nicht abhängig, daß dessen Begrenzung im Erdkörper selbst bezeichnet und sichtbar sei, wenn nur die Verleihungs-Urkunde die Grenzen dergestalt angiebt, daß sie an Ort und Stelle ermittelt werden können. Diese Bestimmbarkeit der Begrenzung erzeugt die zum Wesen der Sache nöthige Selbstständigkeit, welche die Existenz eines dauernden Rechts ermöglicht. Gewiß muß, wie Klostermann, Uebersicht der bergrechtlichen Entscheidungen, S. 43 bemerkt, die Sache, an der das Eigenthum besteht, wirklich vorhanden sein, und aus dem Bereiche der übrigen Körperwelt unterschieden werden können, und in diesem Sinne genommen, kann zugegeben werden, daß Gegenstand des Sacheigenthums nur ein räumlich begrenzter und insofern selbstständiger Theil der Körperwelt bilden kann (S. 32 a. a. O.). Wenn aber Klostermann, bevor die räumliche Begrenzung auf sichtbare Weise im concreten Falle bewirkt ist, die Möglichkeit eines Sacheigenthums nicht anerkennen will und somit die Erwerbung des Sacheigenthums an den regalen Lagerstätten erst mit dem Momente soll eintreten können, wo dieselben eine natürliche oder willkürliche Begrenzung erhalten haben, so entbehrt diese Annahme nicht blos der rechtlichen Begründung, sondern steht auch mit der oben citirten Gesetzesstelle in Widerspruch. Gleichgültig muß es auch sein, ob bei der Verleihung einer Lagerstätte deren Verhalten, deren Form und Ausdehnung unbekannt sind, ob möglicherweise der Gang verworfen, das Flötz in einiger Entfernung vom Fundpunkte in einer anderen Stunde streicht, als am Fundpunkte selbst, indem solche Umstände ersichtlich den durch die Verleihungs-Urkunde bezeichneten Gegenstand der Verleihung nicht verändern. Auch kann es nicht erheblich sein, ob die Ermittelung' und Feststellung der Grenze der Lagerstätte in dem Erdkörper selbst möglicherweise mit Schwierigkeiten verbunden ist und zu Zweifeln und Streitigkeiten Veranlassung geben kann. Alle diese Dinge benehmen nicht dem durch die Beleihungs-Urkunde bestimmten Grubenfelde diejenige Selbstständigkeit, vermöge deren es Gegenstand eines dauernden Rechts sein kann. Der Eigenthümer eines Grundstücks hört deshalb nicht auf, Eigenthümer zu sein, weil die Grenzen verdunkelt sind und deren Feststellung schwierig ist. Wenn ein nach Lage und Größe bestimmtes Stück der Erdoberfläche Object des Eigenthums sein kann, weshalb nicht auch eine verliehene Lagerstätte, mag dieselbe nun, wie beim Geviertfelde, alle innerhalb eines bestimmten auf der Erdoberfläche genau markirbaren Körpers befindlichen Mineralien einer gewissen Gattung umfassen, oder, wie beim Längenfelde, nur ein gewisses Flötz, einen gewissen Gang in seiner Erstreckung von einem bestimmten Punkte innerhalb eines gewissen Maaßes begreifen?

Genügte nicht die auf Grund der Verleihungs-Urkunde vorhandene Bestimmbarkeit der räumlichen Begrenzung, schlösse vielmehr der bloße Mangel der sichtbaren Grenzen die Eigenschaft einer Sache aus, so könnte das Grubenfeld, so lange es noch nicht aufgeschlossen ist und überall die Grenzen sichtbar sind, auch nicht Gegenstand irgend eines andern dinglichen Rechts sein. Consequenterweise müßte man deshalb dem Grubenbesitzer regelmäßig nicht bloß das Eigenthum, sondern auch überhaupt jedes dingliche Recht an der Grube absprechen.

Ich erlaube mir übrigens noch auf meine Bemerkungen in Striethorst's Archiv, Bd. 33, S. 358 u. ff., zu verweisen, wo ich mich über die vorliegende Frage weiter verbreitet habe und namentlich den Nachweis geliefert zu haben glaube, daß unsere landrechtliche Gesetzgebung ein wirkliches Sacheigenthum an den verliehenen Flößen anerkennt.

Wenn Klostermann S. 44 a. a. O. mit dem Sacheigenthum den Untergang des Bergwerkseigenthums durch die unterlassene Benutzung für unverträglich erklärt, weil nach preußischem, wie nach gemeinem Rechte das Sacheigenthum ohne den Willen des Eigenthümers nur durch den Untergang des Objekts und durch die Succession eines andern Eigenthümers erlösche und der Verlust durch den bloßen Nichtgebrauch mit der in dem Begriffe des Eigenthums enthaltenen Totalität der Herrschaft unvereinbar sei, so muß ich die Richtigkeit dieser Behauptungen bestreiten. Wie der §. 504. Th. I. Titel 9, A.-L.-R. ergibt und das Ober-Tribunal in vielen Erkenntnissen ausgesprochen hat, vergleiche z. B. Striethorst's Archiv, Bd. 4, Seite 50, Bd. 15, S. 248 kann das Eigenthum einer Sache durch bloßen Nichtgebrauch verloren gehen, auch wenn nicht ein Anderer dasselbe durch Ersitzung erwirbt. Der Beliehene erlangt das Bergwerkseigenthum nur unter gewissen auflösenden Bedingungen (§. 188. II. 16. A.-L.-R.), mit deren Eintritt er desselben verlustig wird, obschon ein Dritter nicht sofort an seine Stelle tritt; — die Lagerstätte wird alsdann wieder eine herrenlose Sache.

Die Bestimmung des §. 154. II. 16. A.-L.-R., nach welcher der erste Finder verlangen kann, daß ihm der Bau auf das entdeckte Feld innerhalb eines gewissen Distrikts vor allen Andern verliehen werde, ist nicht einmal ihrem Wortlaute nach genau, da ein Bau nicht verliehen werden kann. Sie kann aber auch umsoweniger gegen die vielen von mir in meinem bezogenen Aufsatze (Seite 368) citirten Gesetzesstellen, welche klar und unzweideutig die anstehenden Fossilien als directes und unmittelbares Objekt des Bergwerkeigenthums bezeichnen, in Betracht kommen, als es gar nicht Absicht des §. 154. sein konnte, Wesen und Umfang des dem Beliehenen in Folge der Beleihung zustehenden Rechts zu charakterisiren.

Uebrigens hat auch Klostermann selbst gegenwärtig in seinen „Bemerkungen über den vorliegenden Berggesetzentwurf" S. 40 u. ff. sich nicht blos gegen die durch denselben beabsichtigte Bergbaugewerbegerechtigkeit sondern auch für das Sacheigenthum ausgesprochen und deshalb S. 44 einen Zusatz beantragt:

„durch die Verleihung erwirbt der Muther das Bergwerkseigenthum an den in dem verliehenen Felde befindlichen Lagerstätten des in der Verleihungsurkunde bezeichneten Minerals,

welchem Antrage ich mich in der weiter unten zu §. 40 angegebenen Art mit dem Vorschlage anschließe, überall, wo in dem Entwurfe der Ausdruck „Bergbaurecht" gebraucht ist, an dessen Stelle das Wort „Bergwerkseigenthum" zu setzen.

Ich kann nicht umhin zur Begründung meines Antrages noch einige Bemerkungen hinzuzufügen. Daß das gemeine Bergrecht, wenigstens wie es früher aufgefaßt wurde, und zum Theil in den Provinzialbergordnungen der früheren Zeit seinen Ausdruck gefunden hat, das Bergwerkseigenthum als Eigenthum an einer körperlichen Sache betrachtet, dürfte unstreitig sein. Vergleiche meine Bemerkungen, Seite 359 u. ff. Dieselbe Auffassung liegt nun auch der französischen Gesetzgebung zum Grunde. Sie ist, wie Klostermann in seiner Uebersicht Seite 33 sich ausspricht, in den Gesetzen vom 12. Juli 1791 und vom 21. April 1810 ziemlich folgerecht durchgeführt. Sie ist ferner in den meisten neueren Berggesetzen, namentlich dem königlich sächsischen vom 22. Mai 1851, dem österreichischen vom 23. Mai 1854, und dem nassauischen vom 18. Februar 1857 beibehalten, und nur das sachsen-weimarsche Berggesetz vom 22. Juni 1857 macht eine Ausnahme; siehe meine Bemerkungen S. 371. Sie hat auch meines Wissens in der Praxis keine Schwierigkeiten gemacht. Weshalb denn aber sie verlassen und an ihre Stelle eine neue Theorie setzen, welche, wie ich glaube gezeigt zu haben, rechtlich nicht einmal sich begründen läßt, möglicherweise aber Bedenken und Zweifel, namentlich bei der Führung des Hypothekenbuchs, erzeugt. Möglicherweise wird deducirt: Nach den §§. 6 u. ff.

Titel 1. der allgemeinen Hypothekenordnung von 1783 können nur Grundstücke und für sich bestehende Gerechtigkeiten in das Hypothekenbuch eingetragen werden. Eine für sich bestehende Gerechtigkeit ist das dem Beliehenen am Grubenfelde zustehende Recht nicht, und da letzteres auch nicht als Eigenthum an einem Immobile betrachtet werden kann, so ist die Eintragung in's Hypothekenbuch unzulässig. Ich halte zwar diese Deduction für unrichtig, allein nur deshalb, weil, wie gezeigt, der Grubenbesitzer wirklich Eigenthümer einer unbeweglichen Sache — des Grubenfeldes — ist. Mag aber auch das Gesetz den Ausdruck des Entwurfs „Bergbaurecht" beibehalten, und das Wort „Bergwerkseigenthum" noch so sorgfältig vermeiden, das Recht des Bergwerkbesitzers, auch wenn es nicht mit dem richtigen Namen bezeichnet ist, muß nach wie vor für ein wirkliches Sacheigenthum erachtet werden. Das Bergbaurecht, welches der Entwurf dem Beliehenen zuspricht, begreift die Totalität aller an der Lagerstätte möglichen Rechte. Der Grubenbesitzer kann über die Substanz des Grubenfeldes unbeschränkt verfügen, die dasselbe bildenden Fossilien nach Belieben benutzen fördern und veräußern, und jeden Dritten von der Einwirkung ausschließen (§§. 56 und folg. des Entwurfs). Er hat sonach die Proprietät und das Nutzungsrecht, mit Ausschluß eines jeden Dritten, mit andern Worten: er ist Eigenthümer des Bergwerks. Warum denn aber nicht sein Recht mit dem richtigen Namen „Bergwerkseigenthum" benennen?

In Uebereinstimmung mit der durch den §. 3. sanctionirten durch das Berggesetz aber näher bestimmten und beziehungsweise beschränkten Bergbaufreiheit unterwirft der §. 4. den für Rechnung des Staats betriebenen Bergbau ebenfalls den Bestimmungen dieses Gesetzes. Derselbe scheint mir indessen eines Zusatzes bedürfen. Die Bestimmungen der §§. 1 bis 6 Th. II. Titel 15. A.-L.-R., nach welchen die Bergwerksschätze als herrenlose Sachen erscheinen, zu deren Besitznahme der Staat ein vorzügliches Recht hat, werden durch den Gesetzentwurf weder ausdrücklich noch stillschweigend aufgehoben. Soll deshalb künftig dieses Vorzugsrecht wegfallen und der Staat in Beziehung auf den Erwerb und Betrieb einzelner Bergwerke für seine eigene

Rechnung den Privatpersonen gleich gesetzt werden, — wie der Entwurf beabsichtigt und was ich nur billigen kann, — so ist es nicht genügend, wenn diese Gleichstellung nur in Ansehung des Betriebs ausgesprochen wird, sie muß vielmehr ausdrücklich auf den Erwerb der Bergwerke für Rechnung des Staats ausgedehnt werden. Ich schlage daher vor, den §. 4. zu redigiren, wie folgt:

„Der Staat ist beim Erwerb und Betriebe von Bergwerken für eigene Rechnung den Bestimmungen des gegenwärtigen Gesetzes ebenfalls unterworfen."

Zweiter Titel.

Von der Erwerbung des Bergbaurechts.

Erster Abschnitt.

Vom Schürfen.

Der Entwurf enthält keine Bestimmung darüber, ob die in Gemäßheit des §. 6 Jemandem zustehende Befugniß zu schürfen, eine ausschließliche sei oder nicht. Da in dieser Hinsicht eine Abweichung von §. 12. des Circularerlasses vom 31. März 1852 wohl ebensowenig beabsichtigt wird, als zu rechtfertigen wäre, so scheint es mir, um Zweifeln vorzubeugen, zweckmäßig zu sein, dem §. 5. folgenden Zusatz zu geben:

„Durch die von dem Grundeigenthümer gegebene Erlaubniß wird die amtliche Ermächtigung und durch diese jene nicht ausgeschlossen. Auch kann die amtliche Ermächtigung mehreren Personen ertheilt werden."

Nach dem §. 8. braucht die Schürfermächtigung nicht mehr, wie bisher, die Mineralien anzugeben, auf welche sie sich bezieht. Für diese Abweichung von der bisherigen Einrichtung scheint mir kein genügender Grund vorzuliegen, das Gegentheil aber schon wegen des §. 10. des Entwurfs nöthig zu sein, weshalb ich vorschlage, den §. 8. dahin zu fassen:

„Die Schürfermächtigung (§. 6. Nr. 3) muß
1) die Grundstücke und die Mineralien, auf welche sie sich bezieht,
2) die Bedingungen rc.

Nach §. 11 des Circular-Erlasses vom 31. März 1852 kann ein Schürfschein von dem Inhaber an einen Andern abgetreten werden. Ich würde die Zulässigkeit der Cession der Schürfberechtigung auch nach dem vorliegenden Gesetzentwurf für zulässig halten, weil dieselbe m. E. weder als ein Ususfructus oder Usus, noch als ein anderes Recht angesehen werden kann, das gesetzlich für nicht cessibel erklärt wäre. Weil jedoch Seite 29 der Motive das in Rede stehende Recht für ein unübertragbares erachtet ist, so scheint mir eine Bestimmung hierüber erforderlich zu sein. Mit Rücksicht darauf, daß weder allgemeine Gesetze, noch besondere Gründe es rechtfertigen dürften, die Schürfberechtigung für nicht cessibel zu erklären, muß ich mich deshalb für den Zusatz — etwa zu §. 6. — aussprechen:

„Der Schürfberechtigte kann sein Recht an einen Andern abtreten."

Zweiter Abschnitt.

Vom Muthen.

Die Fassung des §. 13. Absatz 1 entspricht mehr der Sprache eines Lehr- als eines Gesetzbuches. Auch drückt derselbe das nicht aus, was er anscheinend ausdrücken soll, daß nämlich die Verleihung durch Einlegung einer Muthung bedingt sei. Endlich gehört die Bestimmung des §. 13. als eine Bedingung der Verleihuug in den folgenden Abschnitt: „Vom Verleihen." Ich schlage demnach vor, das Alinea 1 des §. 13. zu fassen, wie folgt:

„Das Gesuch um Verleihung des Bergwerkeigenthums in einem gewissen Felde (Muthung) muß bei dem Ober-Berg-Amte angebracht werden."

Der §. 15., welcher die formellen Erfordernisse einer Muthung aufstellt, zählt zu dieser ebensowenig die Bezeichnung der Feldesstreckung, als die Angabe der Feldesgröße. Auch nach dem bestehenden Rechte braucht die Projection des Feldes in dem Muthzettel nicht angegeben zu sein, vielmehr muß beim Mangel einer im Gesetze vorgeschriebenen kürzeren Frist angenommen werden, daß der Antrag, welcher in Gemäßheit von Cap. 4. beziehungsweise Cap. 5. §. 2. der cleve-märkischen, schlesischen und magdeburg-halberstädtischen Bergordnung, so wie nach §. 169. II. 16. A.-L.-R. binnen 4 Wochen, nachdem das Bergamt die Bauwürdigkeit der gemutheten Lagerstätte anerkannt hat, zu erheben ist, die Erklärung des Muthers über Feldesstreckung noch in sich aufnehmen kann. Vergl. meine Bemerkungen S. 355 u. ff. Die Ansicht von Klostermann, Uebersicht S. 70 u. ff., daß nach den erwähnten Provinzial-Bergordnungen zu einer vollständigen Muthung die Streckung der Maaßen gehöre, kann nicht als richtig anerkannt werden. Sie wird sogar durch die von ihm mitgetheilten Formulare der Muthzettel widerlegt, nach welchen eine auf einen Fund sich gründende Muthung (Fundgruben-Muthung) darüber, ob die Maaßen nach Osten oder Westen gelegt werden sollen, nichts zu enthalten braucht. Nur für die s. g. Maaßen-Muthung ist nach dem Formular die nähere Bezeichnung der Maaßen nothwendig, was erklärlich ist, da dieselbe eine „bereits gangbare Zeche" (Cap. 2, resp. Cap. 3 §. 2. a. a. O.), an welche sie sich anschließt, voraussetzt und mithin fernere Aufschlüsse, durch welche der Entschluß des Muthers in Ansehung der Feldesstreckung bestimmt werden könnte, ebensowenig möglich sind, als ohne die fragliche Angabe zu ersehen wäre, wo überhaupt der eines Fundes und Fundpunktes entbehrende Muther das Feld in Anspruch nimmt. Somit schließt der §. 17, welcher für die Feldesprojection dieselbe Frist setzt, welche dem Muther nach §. 22. für die erforderlichen Versuchs- und Aufschlußarbeiten bewilligt wird, sich angemessen an das geltende, auch vom höchsten Gerichtshofe durch Urtheil vom 5. März 1858, Striethorst's Archiv, Bd. 29, S. 171 u. ff. anerkannte, Recht an. Dieselben Gründe, welche diese Frist für die Feldesstreckung rechtfertigen, lassen aber auch für die Angabe der Feldesgröße sich anführen, weshalb es nur gebilligt werden kann, daß für Beide derselbe Endpunkt im Entwurf gesetzt ist.

Den §§. 16. bis 18. muß übrigens m. E. eine andere Stellung angewiesen und eine andere Fassung gegeben werden, worauf ich indessen weiter unten zurückkommen werde.

Nach dem §. 21. soll die Muthung zurückgewiesen werden, wenn der Fundpunkt oder das bereits bebaute Mineralvorkommen in dem Felde eines bestehenden und auf dasselbe Mineral berechtigten Bergwerks oder in einem nach §. 18. vorläufig geschlossenen Muthungsfelde liegt. Nach §. 18. ist aber gegen Muthungen Dritter das begehrte Feld geschlossen, bis entweder die Verleihung erfolgt, oder die Muthung zurückgewiesen ist. Diese Bestimmung des §. 18. ebensowohl als die mitgetheilten Worte des §. 21. „oder in einem nach §. 18. vorläufig geschlossenen Muthungsfelde" würde ich gänzlich streichen. Unfrei ist das Feld nur dann, wenn es in Beleihung ertheilt ist. Die bloße Bestrickung eines Feldes mit Muthung erzeugt für den Muther nur ein — durch die Beleihung — bedingtes Recht. Viele Umstände können den Eintritt der Bedingung — die Beleihung — namentlich in der Begrenzung, in welcher das gemuthete Feld begehrt ist, hindern, und ist, wenn der Nichteintritt der Bedingung gewiß ist, die Sache in rechtlicher Hinsicht so anzusehen, als wenn nie der betreffende Feldertheil begehrt gewesen wäre. l. 8, pr. D., de peric. et com., 18, 6. u. Göschen, Civilrecht, I., §. 100. Das bekannte Präjudiz des Ober-Tribunals vom 16. Juni 1843 (Samml. S. 219), nach welchem wenn das gemuthete Feld zur Zeit der eingelegten Muthung (wegen einer älteren Muthung) nicht im Bergfreien belegen war, die Muthung gegenstandslos und nichtig sein und selbst dann, wenn das in Rede stehende Feld in der Folge frei wird, keine rechtliche Wirkung haben soll, läßt sich m. E. juristisch nicht rechtfertigen, und hat auch von Anfang an, namentlich von Seiten der Gerichte, viele Anfechtung erfahren. Verbleibt es bei den bezogenen Bestimmungen der §§. 18. und 21. des Entwurfs, so muß eine Muthung zurückgewiesen werden, deren Fundpunkt in dem begehrten Felde eines Dritten liegt, mag das Feldes begehren auch noch so unzulässig sein, insofern nur zur Zeit die Verleihung noch nicht erfolgt und die Muthung noch nicht zurückgewiesen ist. Warum soll, wenn der Muther die Feldesstreckung ändert, und dadurch der bisher von seiner Muthung besprochene Fundpunkt eines andern Muthers frei wird, letzterer genöthigt sein, von Neuem Muthung einzulegen? Gerade dadurch daß bisher die Theorie des Entwurfs befolgt wurde, sind unlautere Bestrebungen erheblich erleichtert worden. (Vergl. Striethorst's Archiv, Bd. 29, S. 171 u. ff.

Die Regelung der zwischen den verschiedenen Muthungen eintretenden Collisionen gehört zu dem in den §§. 35. u. ff. des Entwurfs vorgeschriebenen Verfahren.

Nach den Bemerkungen der Motive S. 39 soll die hier in Rede stehende Bestimmung des §. 18. wesentlich dazu beitragen die jetzt häufig vorkommenden Collisionen zwischen benachbarten Muthungen abzuschneiden; der Mangel einer solchen Vorschrift soll zu Chikanen, Prozessen, und zur Verausgabung vieler für den Bergbau verlorner Kosten geführt haben, und die Beseitigung dieses Mangels daher ein dringendes Bedürfniß sein. Allein gerade das, was der Entwurf sanctioniren will, wurde bisher, wenn es auch nicht bestehendes Recht war, befolgt, und beweisen die in den Motiven hervorgehobenen bisherigen Uebelstände die Nothwendigkeit der Abänderung des bestehenden Zustandes. Ich kann auf die §§. 27 u. ff. des Circular-Erlasses vom 31. März 1852 verweisen, nach welchen die Muthnng zurückgewiesen, beziehungsweise für blind erklärt und gelöscht werden soll, wenn der Fund in einem nicht mehr bergfreien Felde liegt, und wird unter „nicht bergfreiem Felde" alles Feld verstanden, welches nach den Acten und Rissen, namentlich nach den Muthungskarten von einem nicht zurückgewiesenen Muther begehrt ist. Erst die Instruction vom 30. September 1861 beschränkt im §. 8 (Brassert's Zeitschrift, II., 3., S. 408) die Zurückweisung einer Muthung auf den Fall, daß deren Fund in einem in Bezug auf das gemuthete Mineral bereits verliehenen Felde liegt, wogegen nach §. 10 das., wenn das begehrte Feld ganz oder theilweise mit dem für eine andere Muthung begehrten Felde collidirt, das weitere Verfahren in Gemäßheit des §. 4 des Gesetzes vom 10. Juni 1861 angeordnet wird.

Der §. 18 des Entwurfs verfügt, daß die Größe und Begrenzung des begehrten Feldes nur innerhalb der auf dem Situationsrisse angegebenen Grenzen abgeändert werden könne. Diese Bestimmung ist zu enge. Wenn bisher die Jurisprudenz der Gerichte nach der entgegengesetzten Richtung hin zu weit gegangen ist, indem sogar alsdann die Umwandelung eines Längenfeldes in ein Geviertfeld für zulässig erachtet wurde, wenn das von der Projection des Längenfeldes unberührt gebliebene Feld von einem jüngeren Muther schon in Anspruch genommen war, (vergl. meine Bemerkungen, S. 358 u. ff.,) — wodurch allerdings die oben gerügten Machinationen gleichfalls nicht unwesentlich befördert wurden — so würde dagegen, wenn die Abänderung des begehrten Feldes künftig nur innerhalb der auf dem Situationsrisse angegebenen Grenzen stattfinden könnte, eine eigentliche Abänderung des einmal gestreckten Feldes überhaupt nicht, sondern nur eine Verzichtleistung auf einen Theil desselben wie auf das Ganze zulässig sein. Hierzu bedürfte es doch wohl keiner besondern gesetzlichen Bestimmung. Die Abänderung des begehrten Feldes muß m. E. nicht blos innerhalb der bisherigen Begrenzung, sondern auch außerhalb derselben bis zum Ablauf der in den §§. 17 u. 22 des Entwurfs bezeichneten Frist zulässig sein, insofern nur das neue Feld nicht von einem andern Muther, er sei älter oder jünger, bereits in Anspruch genommen ist, oder doch von einem älteren Muther, der sein Feld noch nicht projectirt hat, noch in Anspruch genommen werden kann.

Hiermit sind die materiellen Abänderungen angegeben, welcher m. E. die §§. 15 u. ff. bedürfen.

Außerdem ist zum Theil eine andere Reihenfolge und eine andere Fassung wünschenswerth.

Die §§. 14—18. führen die Ueberschrift: „Formelle Erfordernisse," wogegen die §§. 19 ff. mit der Ueberschrift: „Materielle Erfordernisse" versehen sind. Diese theoretische Sonderung scheint auf die Redaction der fraglichen Paragraphen und deren Aufeinanderfolge insofern einen nachtheiligen Einfluß ausgeübt zu haben, als das Bestreben hervortritt, nicht sowohl das in Folge einer angebrachten Muthung einzuhaltende Verfahren, als vielmehr die Erfordernisse einer Muthung, jenen Ueberschriften entsprechend, gesondert anzugeben. Dadurch ist nicht blos die Uebersichtlichkeit erschwert, sondern auch eine Unvollständigkeit der betreffenden Vorschriften hervorgebracht, ohne daß die doctrinäre Sonderung einen praktischen Nutzen gewährt. Man wende nicht ein, das von den Bergbehörden zu beobachtende Verfahren zu bestimmen könne der Ausführungs-Instruktion überlassen bleiben; — eine solche darf nur Anordnungen enthalten, welche als reine Verwaltungs-Maßregeln erscheinen, nicht aber Vorschriften in sich aufnehmen, welche das Gesetz ergänzen oder gar ändern. Unsere bisherige novellistische Gesetzgebung mochte, um die Novelle mit dem bestehenden System in Einklang zu bringen, häufig eine Ausnahme nothwendig machen; diese Nothwendigkeit bleibt aber immer ein Uebelstand, den ein codificirtes Gesetz vermeiden kann und soll. Dem gemäß würde ich, was zunächst die Reihenfolge betrifft, die §§. 16—18. hinter dem §. 24. folgen lassen, die §§. 19 ff. dagegen dem §. 15. anschließen. Da nämlich die im §. 17. bestimmte Frist nicht etwa von selbst, vom Tage der Präsentation der Muthung an, läuft, sondern nur identisch mit der nach §. 22. zum Zweck des Nachweises der Art und der Verbreitung des Mineralvorkommens dem Muther zu setzenden Frist erscheint, die Bewilligung dieser Frist aber durch den Nachweis eines Fundes an dem in der Muthung angegebenen Fundpunkte und der Fundesfreiheit bedingt ist, so entspricht es dem wirklichen Hergange, wenn zuvörderst die über die Feststellung des Fundes und der Fundesfreiheit, demnächst die über Art nnd Verbreitung des Mineralvorkommens sich verhaltenden Vorschriften vorgetragen und sodann die §§. 16—18. angereiht werden. Außerdem ist aber auch eine größere Präcision des Ausdrucks umsomehr wünschenswerth, als bekanntlich bisher kein Zweig des Bergrechts zu Zweifeln und Rechtsstreitigkeiten in höherem Maße Veranlassung gab, als die gesetzlichen Bestimmungen über Muthungen. Um jenen möglichst vorzubeugen, scheint es mir zweckmäßig zu sein, sowohl die in den §§. 15—18. aufgestellten formellen, als die in den folgenden Paragraphen aufgeführten materiellen Erfordernisse gleichmäßig als solche zu bezeichnen, deren Mangel und beziehungsweise Nichterledigung innerhalb der verordneten Fristen die Muthung als von Anfang an nichtig erscheinen läßt. Von der Erledigung der letztern innerhalb der vorgeschriebenen Zeit hängt die rechtliche Wirksamkeit der Muthung ab, ohne sie ist mithin die Muthung rechtlich unwirksam, mit anderen Worten, nichtig, in welcher Hinsicht es keinen Unterschied machen kann, ob für die Erledigung des Requisites eine Frist gesetzt ist oder nicht. Durch den Wechsel der gewählten Ausdrücke werden Dunkelheiten und Zweifel erzeugt, wie solche bereits von Macco in Brassert's Zeitschrift, IV., 1., S. 88 ff. hervorgehoben sind.

Dies voraus geschickt, schlage ich vor, die Ueberschriften „Muthung,“ „formelle Erfordernisse,“ „materielle Erfordernisse“ zu streichen, — die Ueberschrift des ganzen Abschnitts: „Vom Muthen“ genügt, — die §§. 13. und 14., ersteren mit der bereits oben beantragten Abänderung des I. Alinea, beizubehalten, und den §§. 15—25. nachstehende Fassung und Aufeinanderfolge zu geben:

§. 15. Jede Muthung muß enthalten:

1. u. s. w. wie gegenwärtig, jedoch mit dem Zusatze als letztes Alinea:

Fehlt eins dieser Erfordernisse, so wird die Muthung als nichtig durch das Ober-Bergamt zurückgewiesen.

§. 16. Genügt die Muthung den Erfordernissen des §. 15, so wird zur Feststellung des Fundes und der Fundesfreiheit ein Termin an Ort und Stelle anberaumt.

Wird in demselben der in der Muthung angegebene Fundpunkt (§. 15. Nr. 3.) nicht nachgewiesen, so weist das Ober-Bergamt die Muthung als nichtig zurück.

§. 17. Gründet sich die Muthung auf das bereits bebaute Mineralvorkommen eines früheren Bergwerks (§. 15.), so muß in dem nach §. 16. anzusetzenden Termine durch Aufschlüsse oder amtliche Urkunden nachgewiesen werden, daß das Mineral in dem begehrten Felde noch vorhanden ist, widrigenfalls nicht minder die Muthung als nichtig vom Ober-Bergamt zurückgewiesen wird.

§. 18. Findet sich, daß der Fundpunkt (§. 16.) oder das bereits bebaute Mineralvorkommen (§. 17.) in dem Felde eines bestehenden und dasselbe Mineral umfassenden Bergwerks liegt, so weist gleichfalls das Ober-Bergamt die Muthung als nichtig zurück.

§. 19. Identisch mit dem §. 22. des Enwurfes.

§. 20. Unterläßt der Muther vor Ablauf der ihm bewilligten Frist (§. 19.) von der Beendigung der Versuchs- und Aufschlußarbeiten Anzeige zu machen oder eine Verlängerung der

Frist nachzusuchen, so erfolgt vom Ober-Bergamt die Zurückweisung der Muthung als nichtig.

Dasselbe geschieht, wenn in dem in Folge rechtzeitiger Anzeige anberaumten Termine der Muther die Art des Mineralvorkommens durch die ausgeführten Arbeiten nicht nachweist.

§. 21. Die §§. 19. u. 20. finden auch auf Muthungen, welche sich auf das bereits bebaute Mineralvorkommen eines früheren Bergwerks gründen (§. 17.) u. s. w. wie der gegenwärtige §. 24.

§. 22. Einzurücken §. 16. des Entwurfs.

§. 23. Die Angabe der Fundesgröße und die Einreichung des Situationsrisses (§. 22.) müssen spätestens mit dem Ablaufe der dem Muther nach §. 19. für die Versuchs- und Aufschlußarbeiten bewilligten Frist erfolgen. Geschieht dies nicht, so wird auch in diesem Falle die Muthung als nichtig vom Ober-Bergamte zurückgewiesen.

§. 24. Die Größe und Begrenzung des begehrten Feldes können bis zum Ablaufe der im §. 23 bestimmten Frist auch außerhalb der auf dem Situationsrisse (§. 22.) angegebenen Grenzen abgeändert werden, insofern das Feld von einem älteren oder jüngeren Muther nicht schon mit seiner rechtzeitig und zulässigerweise geschehenen Feldesstreckung in Anspruch genommen ist oder von einem ältern Muther noch in Anspruch genommen werden kann.

§. 25. Gleichlautend mit §. 25. des Entwurfs.

Dritter Abschnitt.

Vom Verleihen.

In Uebereinstimmung mit den oben zu §. 13. Alinea 1. gemachten Bemerkungen dürfte dem §. 26. mit der Ueberschrift: „Rechtsanspruch auf Verleihung" folgende Fassung zu geben sein:

„Durch eine den gesetzlichen Erfordernissen entsprechende Muthung wird ein Anspruch auf Verleihung des Bergwerks-Eigenthums an dem im §. 31. bestimmten Felde bedingt und begründet."

Der §. 27. könnte das Bedenken erregen, daß derjenige Muther, dessen Muthung mit der eines andern collidirt, günstiger gestellt ist, als derjenige Muther, bei dem dies nicht zutrifft, indem jenem, nicht aber diesem der Rechtsweg gegen die ihm nachtheilige Verfügung der Bergbehörde offen steht. Dagegen ist zu erwägen, daß gegen die Bergbehörde, welche nicht den Staat, wie einen Privatmann, als Eigenthümer der betreffenden Fossilien vertritt, sondern als die zur Regelung der beim Erwerb des Bergwerks-Eigenthums vorkommenden Verhältnisse vom Gesetze angeordnete, staatliche Behörde erscheint, an deren Thätigkeit unter gewissen Voraussetzungen die Erwerbung des Bergwerks-Eigenthums vom Gesetze geknüpft ist, der Natur der Sache nach der Rechtsweg ausgeschlossen sein muß und sonach beim Mangel eines Gegners ein Rechtsstreit nicht möglich ist. Damit ist aber auch kein erheblicher Nachtheil verbunden, da in Ermangelung eines andern Prätendenten der von der Bergbehörde zurückgewiesene Muther denjenigen Erfordernissen, wegen deren Mangel die Muthung zurückgewiesen ist, insofern überhaupt eine solche sich begründen läßt, immer noch wird genügen können.

Dagegen läßt der §. 27. ungewiß, in wie weit der angegangene Richter durch die Verfügungen der Bergbehörde gebunden ist oder nicht. Bisher wurde bekanntlich angenommen, daß, abgesehen von den Fristen, deren Bewilligung das Gesetz in das Ermessen der Bergbehörden stellt, und von der Bauwürdigkeit der gemutheten Lagerstätte, sowie davon, ob ein Längen- oder Geviertfeld, und in welchem Umfange letzteres zu ertheilen sei, der Richter selbstständig über jeden Streitpunkt zu entscheiden habe. Hierbei muß es m. E. auch künftig verbleiben und würde ich daher unter Berücksichtigung, daß nach dem Entwurf Streitkeiten über Bauwürdigkeit und Vermessungsart nicht mehr vorkommen können, dem §. 27. als zweites Alinea den Zusatz geben:

„Wird der Rechtsweg beschritten, so hat der Richter selbstständig, ohne an die Verfügungen und Entscheidungen der Bergbehörde gebunden zu sein, über sämmtliche Streitpunkte zu erkennen, insofern nicht die Bestimmung dem Ermessen der Bergbehörde vom Gesetze überlassen ist.“

Die §§. 28 und 29 geben das gegenwärtig bestehende Recht, richtig aufgefaßt, (vergl. meinen Aufsatz, Striethorst's Archiv, Bd. 26, S. 5 ff.) nur mit der zu billigenden Modification wieder, daß die vierwöchentliche Frist des §. 154, II., 16, A. L.-R. auf eine einwöchentliche zurückgeführt ist. Die Zweckmäßigkeit des bestehenden Rechtszustandes, wenn er nur richtig aufgefaßt wird, glaube ich bereits an dem angegebenen Orte gezeigt zu haben. Daß die zulässigerweise und rechtzeitig geschehene Feldesstreckung auf den Tag der Präsentation der Muthung zurückgeführt werden muß und demzufolge für das durch die Streckung bestimmte Feld das Alter vom Tage der Präsentation der Muthung zu rechnen ist, kann mit Grund wohl nicht angezweifelt werden. Wegen der Zweifel jedoch, welche in dieser Hinsicht geltend gemacht sind (Striethorst's Archiv, Bd. 29, S. 171), möchte sich der Zusatz zu §. 29 empfehlen:

„Dasselbe gilt in Beziehung auf die zulässigerweise und rechtzeitig beantragte Größe und Begrenzung des Feldes."

Die beiden ersten Alinea des §. 35 würde ich in Wegfall bringen, da bereits in dem in Gemäßheit der §. 22 ff. des Entwurfes (§. 19 meiner Vorschläge) anzusetzenden Termine, der Muther nach §. 17 des Entwurfes (beziehungsweise §. 23 meiner Vorschläge) die bezüglichen Erklärungen abzugeben hat. Der nach §. 35 abzuhaltende Termin ist nur nothwendig, wenn Collisionen obwalten.

Demnach würde ich den §. 35 in folgender Art redigiren:

„Vorher sind der Muther und die Vertreter derjenigen Bergwerke und Muthungen, deren Felder mit dem begehrten Felde ganz oder theilweise zusammenfallen oder an dasselbe angrenzen, oder auch sonst mit ihm in Collision gerathen können, zu einem Termine vorzuladen, um u. s. w. wie im Entwurf."

Das im Alinea 2 des §. 35 mit dem Ausbleiben des Muthers verknüpfte Präjudiz scheint mir nicht gerechtfertigt zu sein. Erscheint der Muther nicht im Termine, so kann das Contumacial-Präjudiz nur in der Annahme bestehen, er verbleibe bei seinen früheren Erklärungen und Anträgen, und hat hiernach das Ober-Berg-Amt zu entscheiden, wie weit die Ein- und Ansprüche Dritter gerechtfertigt sind.

In §. 38, Absatz 2 würde ich das Wort „präclusivischer" streichen, dagegen in Alinea 3 hinter den Worten „bei dem Ober-Bergamte nicht ein" die Worte einschalten „so werden die Parteien mit ihren Schriftsätzen präcludirt und sind ꝛc."

Der Entwurf enthält keine Bestimmung darüber, mit welchem Zeitpunkte das Eigenthum auf den Beliehenen übergeht und wodurch er den Besitz erwirbt, obgleich namentlich über Letzteres die Ansichten sehr verschieden sind. Vergleiche Strietshorst's Archiv, Band 32, S. 62. Nach meiner Meinung, die ich in meinen Bemerkungen, S. 372 zu begründen gesucht habe, erlangt der Beliehene kraft des Gesetzes mit der Beleihung die Rechte eines Besitzers der ihm verliehenen Lagerstätte. Dies geltende Recht würde ich als angemessen beibehalten und daher dem §. 40 des Entwurfs, welchem, nebenbei bemerkt, der Natur der Sache nach der §. 41 vorhergehen muß, einen besonderen Paragraphen mit den Worten hinzufügen:

„Mit dem Tage der Zustellung der Verleihungs-Urkunde erwirbt der Beliehene Eigenthum und Besitz an den in dem verliehenen Felde befindlichen Lagerstätten des in der Verleihungs-Urkunde bezeichneten Minerals."

Im §. 41 des Entwurfs (§. 40 nach meinem Vorschlage) wird wohl unter Nr. 7 statt „Firma des verleihenden Ober-Bergamts" „Name des verleihenden Ober-Berg-Amts" zu setzen sein.

Dritter Titel.

Von dem Bergbaurechte und den darunter begriffenen Rechten und Pflichten.

Erster Abschnitt.

Von dem Bergbaurechte im Allgemeinen.

Nach dem §. 322, Th. II., Tit. 16 A. L.-R., findet bei dem Verkaufe der Kuxen weder ein gesetzliches Vorkaufs- oder Näherrecht, noch eine Klage aus dem Grunde der Verletzung am Werthe statt. Die Bestimmung wegen Unzulässigkeit des Vorkaufsrechts hat der Entwurf im §. 116 in sich aufgenommen, indem er verordnet, daß ein gesetzliches Vorkaufsrecht den Gewerken an den Kuxen ihrer Mitgewerken nicht zustehe. Dies kann ich nur billigen. Wenn aber der Entwurf die Bestimmung, betreffend die Unzulässigkeit der Klage wegen Verletzung am Werthe wegfallen lassen will, so muß ich mich gegen diese Abänderung erklären. In den Motiven wird S. 82 und 83 zur Rechtfertigung bemerkt: Durch eine Vorschrift, wie diejenige des §. 322 würde das allgemeine Civilrecht in der verschiedenartigsten Weise modificirt werden, da bekanntlich die Lehre von der Verletzung über die Hälfte im preußischen, gemeinen und französischen Rechte wesentlich abweiche und insbesondere keine Uebereinstimmung hinsichtlich der Person des Berechtigten (ob Ankäufer oder Verkäufer), der Voraussetzungen der Verletzung, der Verjährung, des Beweises u. s. w. bestehe. So lange aber diese Rechtsverschiedenheit bestehe, könne es nicht gerathen sein, bezüglich des Bergbaurechts allein eine generelle Vorschrift zu treffen, welche nur eine scheinbare Gleichheit herbeiführen würde. Diese Bemerkungen kann ich indessen nicht für zutreffend crachten. Durch die Ausschließung der Anfechtung wegen Verletzung über die Hälfte würde allerdings in den Gebieten der erwähnten drei Gesetzgebungen in Beziehung auf den Verkauf von Berg-Antheilen eine vollständige Gleichheit herbeigeführt werden, wogegen gerade, wenn dies nicht geschieht, die in den Motiven bezogene Verschiedenheit hervortritt. Zudem würde die Aufhebung der fraglichen Bestimmung des §. 322 a. a. O. für die Gebiete des preußischen Rechts ein unverkennbarer Rückschritt sein. Der Kauf von Bergwerks-Antheilen ist immer mehr oder minder ein gewagtes Geschäft, mit dessen Natur der fragliche Anfechtungsgrund nicht verträglich ist; es kann deshalb für die Gebiete des gemeinen und französischen Rechts nur wünschenswerth sein, wenn die Vorschrift des §. 322 a. a. O. auf sie ausgedehnt wird. Die Nichterwähnung der Verletzung über die Hälfte würde im Gebiete des A.-L.-R. nur Zweifel zu erregen im Stande sein. Von der einen Seite würde geltend gemacht werden, die Anfechtung ist zuläßig, weil, wie die Motive ergeben, das Gesetz keine Ausnahme von der Regel der §§. 58 ff. Th. I. Tit. 11. A. L. R. hat machen wollen. Von der anderen Seite würde eingewendet werden, die Klage wegen Verletzung über die Hälfte ist nach den §§. 61. ff. a. a. O. durch die Möglichkeit der Ausmittelung des Werthes durch die Abschätzung vereideter Sachverständigen bedingt, Bergwerks-Eigenthum aber kann nicht taxirt werden. Ich mache noch darauf aufmerksam, daß auch nach dem allgemeinen deutschen Handelsgesetzbuch, Artikel 286, wegen übermäßiger Verletzung, insbesondere wegen Verletzung über die Hälfte, Handelsgeschäfte nicht angefochten werden können, obgleich bekanntlich dies früher zulässig war und das Handelsgesetzbuch in den erwähnten drei Rechtsgebieten gleichmäßig gilt. Im Anschluß an diese Bestimmung des Handelsgesetzbuches beantrage ich deshalb zu §. 54 den Zusatz:

„Wegen übermäßiger Verletzung, insbesondere wegen Verletzung über die Hälfte, können Kaufverträge über Kuxen nicht angefochten werden."

Mit dem §. 57 bin ich insofern einverstanden, als dem Beliehenen ein Vorrecht auf solche in der Verleihungs-Urkunde nicht benannte Mineralien eingeräumt werden soll, welche mit dem in der Verleihungs-Urkunde benannten Mineral auf der nämlichen Lagerstätte vorkommen. Allein die Fassung wird eine andere sein müssen. Würde die gegenwärtige Fassung beibehalten: so würde es zweifelhaft sein, wie zu verfahren sei, wenn ein Dritter Muthung einlegt. Ich schlage deshalb folgende der Intention des Entwurfs wohl entsprechende Redaktion vor:

„Der Beliehene hat vor jedem Dritten ein Vorrecht auf die Muthung solcher in der Verleihungs-Urkunde nicht benannten Mineralien (§. 1), welche mit dem dort benannten Mineral auf der nämlichen Lagerstätte vorkommen. Muthet ein Dritter dieselben, so wird die Muthung dem Beliehenen mit einer Frist von vier Wochen mitgetheilt. Legt Letzterer innerhalb dieser Frist keine Muthung ein, so ist mit Ablauf der Frist sein Vorrecht erloschen."

Der §. 58, welcher vom Rechte zur Anlage von Aufbereitungsanstalten handelt, ist wegen der Bestimmung des §. 117 des Entwurfs überflüssig. Ich würde deshalb den §. 58 streichen und wird alsdann nur in der vorletzten Zeile des §. 117 statt der Worte: „zu den im §. 58 bezeichneten Aufbereitungsanstalten" zu setzen sein: „zu den mit einem Bergwerk verbundenen, zur Aufbereitung der darin gewonnenen Erze und Kohlen erforderlichen Anstalten."

Die Bedenken, welche Baur in Brassert's Zeitschrift, III.,

4, S. 463 ff. gegen die §§. 60—62 des Entwurfs, betreffend den Mitgebrauch fremder Grubenbaue und Maschinen, erhoben hat, kann ich nicht theilen. Letztere entsprechen vielmehr den §§. 3 ff. Th. I. Tit. 22. A. L. R., nach welchen jeder Grundbesitzer auch solche Einschränkungen sich gefallen lassen muß, ohne welche ein anderes Grundstück ganz oder zum Theil völlig unbrauchbar sein würde. Ebenso würde ich aber auch die Worte des §. 63 „gegen angemessene Vergütung" beibehalten, da, wenngleich der Bergwerksbesitzer, in dessen Felde der Hilfsbau angelegt wird, hierdurch in seinem eigenen Bergbau weder gestört, noch gefährdet werden darf, doch der Vortheil, welchen der Andere von der Benutzung des fremden Eigenthums hat, eine dem Eigenthümer zu leistende Vergütung rechtfertigt.

Der §. 67 enthält nur eine Verweisung auf den 5. Titel, weshalb ich ihn als überflüssig in Wegfall bringen würde.

Zweiter Abschnitt.

Von dem Betriebe und der Verwaltung.

Ich finde hier weiter nichts zu bemerken, als daß ich im §. 79 hinter den Worten der letzten Zeile: „Anordnungen" die Worte: „civil- und strafrechtlich" einschalten würde, um auszudrücken, daß die Personen, welche die Beaufsichtigung oder Leitung des Betriebs übernommen haben, ebenso zur Enschädigung verpflichtet nnd strafbar sind, als die Bergwerksbesitzer es sein würden, wenn sie in eigener Person den Betrieb leiteten und überwachten.

Dritter Abschnitt.

Von den Bergleuten.

Es scheint mir zweckmäßig zu sein im §. 86, Alinea 3, dem Revierbeamten die Ortspolizeibehörde zu substituiren. Alle Gründe, welche sich für die Ortspolizeibehörde in Beziehung auf Alinea 1 und 2 anführen lassen und bei der Berathung des Gesetzes vom 21. Mai 1860 im Abgeordnetenhause geltend gemacht sind, treffen auch bei den Vorschriften des Alinea 3 zu; — der Revierbeamte wohnt häufig viele Meilen entfernt von der Grube und ist die Ortspolizei-Behörde vermöge ihrer täglichen Beschäftigung in der Regel mehr geeignet zur Führung der nöthigen Untersuchung als der Revierbeamte.

Ich freue mich übrigens, daß der häßliche §. 18 des Gesetzes vom 21. Mai 1860, für dessen Wegfall bei der Berathung dieses Gesetzes im Abgeordnetenhause ich vergeblich kämpfte, in den Entwurf nicht übernommen ist, weil sich, wie es in den Motiven heißt, ein practisches Bedürfniß zu dessen Beibehaltung nicht herausgestellt hat.

Vierter Abschnitt.

Von den besonderen Pflichten gegen die Bergbehörde.

Im §. 96 würde ich an die Stelle der Worte des ersten Absatzes „einen nicht im Auslande wohnenden Repräsentanten" die Worte einrücken: „einen im Inlande wohnenden Repräsentanten," da es mir doch nicht angemessen zu sein scheint, Jemanden für geeignet zum Repräsentanten zu erkären, der kein festes Domicil hat.

Um auch ohne daß die Vollmacht speciell sich hierüber verbreitet, ersehen zu können, zu welchen Verhandlungen der Repräsentant berechtigt und verpflichtet ist, schlage ich zu §. 98 ein drittes Alinea dahin lautend vor:

> „Der Repräsentant ist ferner in Ermangelung einer anderen Bestimmung seiner Vollmacht Verwalter des Bergwerks und als Generalbevollmächtigter der Bergwerksbesitzer zu allen Handlungen ermächtigt, zu welchen nach den allgemeinen Gesetzen, in deren Bereich das von ihm vertretene Bergwerk liegt, ein Generalbevollmächtigter ohne Specialvollmacht berechtigt ist."

Es würde ferner m. E. im Interesse der Bergwerksbesitzer liegen, ohne die Geschäfte des Ober-Berg-Amts erheblich zu vermehren, wenn in Uebereinstimmung mit den gegenwärtig bestehenden Vorschriften (§§. 13 und 14 des Gesetzes vom 12. Mai 1851) das Ober-Berg-Amt, in Ermangelung der Innehaltung der dreimonatlichen Frist des §. 100, auf Kosten der Bergwerksbesitzer einen Termin zur Wahl des Repräsentanten anzuberaumen hätte, in welchem ohne Rücksicht auf die Zahl der Erschienenen die einfache Stimmenmehrheit entscheidend wäre und erst dann, wenn Niemand im Termin erschiene, das Ober-Berg-Amt einen interimistischen Repräsentanten bestellte und weiter verführe, wie im §. 100 näher angeordnet ist.

Vierter Titel.

Von den Rechtsverhältnissen mehrerer Betheiligten.

Die Bestimmungen dieses Titels schließen sich im Wesentlichen an den durch das landrechtliche Bergrecht und das Gesetz vom 12. Mai 1851 begründeten Rechtszustand an, was Billigung verdient, da letzterer sich bewährt hat.

Der §. 104 weicht in seiner Fassung einigermaßen von der des §. 1 des citirten Gesetzes vom 12. Mai 1851 ab. Es scheint mir jedoch die Beibehaltung des Wortes „Gewerken" zweckmäßig zu sein. Dagegen billige ich den Ausdruck „Mitbetheiligter" statt „Miteigenthümer", aber nur wegen der weiter unten von mir beantragten Bestimmungen über die Mobilisirung der Kuxen. Im Uebrigen scheint mir die Fassung des §. 1 des citirten Gesetzes präciser zu sein. Ich würde daher den §. 104 fassen, wie folgt:

„Die Rechtsverhältnisse der Mitbetheiligten eines Bergwerks (der Gewerken), sind nach dem unter ihnen bestehenden Vertrage, soweit es aber an vertragsmäßigen Verabredungen fehlt, nach den Bestimmungen des gegenwärtigen Gesetzes, und, soweit diese nicht ausreichen, nach den allgemeinen Gesetzen zu beurtheilen."

Gegen den §. 105 habe ich nichts zu erinnern. Ich werde aber weiter unten auf ihn zurückkommen.

Daß das Ober-Bergamt auch außer dem Falle des §. 100 berechtigt sein soll, ohne Antrag der Gewerken deren Einladung zu veranlassen, dafür scheint mir kein genügender Grund vorzuliegen. Es dürfte daher der erste Absatz des §. 108 dahin abzuändern sein:

„Die Einladung zu den Gewerken-Versammlungen erfolgt durch den Repräsentanten. Das Ober-Bergamt hat außer dem Falle des §. 100 die Einladung zu erlassen, wenn der Repräsentant oder die Mehrheit der Gewerken, nach Antheilen berechnet, sie beantragt."

Wenn der §. 111 so wie er gegenwärtig abgefaßt ist, Gesetzeskraft erhielt, dann würden dieselben Zweifel hervortreten, welche der §. 7 des Gesetzes vom 12. Mai 1851 veranlaßt hat. Vergl. Ebmeier's Abhandlung in Brassert's Zeitschrift I. 1, S. 133. Es scheint mir deshalb zur Beseitigung dieser Zweifel eine Specialisirung zweckmäßig zu sein. Nach m. D. ist auf Grund des citirten §. 7 die Dreiviertel-Mehrheit der Gewerken befugt, das Bergwerk ganz oder theilweise zu verkaufen, zur Hypothek zu stellen und zu verpachten. Die Worte des §. 7: „zu Beschlüssen, durch welche über den Gegenstand der Verleihung (Substanz eines Bergwerks), ganz oder theilweise verfügt werden soll," rechtfertigen diese Ansicht, wogegen §. 2 doch nur von der Theilungsklage redet. Ich würde mit dem Entwurfe es bei dieser bisherigen Befugniß der Dreiviertel-Mehrheit belassen. Wenn eine solche Majorität für den Beschluß sich herausstellt, so wird in der Regel der Verkauf, die Verpfändung oder Verpachtung für die Gesammtheit von Nutzen sein, und dieser Nutzen darf nicht durch den Eigensinn oder die Beschränktheit einiger wenigen Interessenten vereitelt werden können. Sollte der Beschluß durch collidirende Interessen der Majorität und Minorität herbeigeführt sein, so gewährt die nach §. 112 des Entwurfs nachgelassene Provocation hinreichenden Schutz. Da jedoch bei der Verhypothecirung des ganzen Bergwerks arge Uebelstände hervortreten können, wenn bereits einzelne Kuxen zur Hypothek gestellt sind, wie dies von Rynsch in Brassert's Zeitschrift III. 2, S. 262 gezeigt hat, so würde ich die Zulassung jener von der Hypotheken-Freiheit der einzelnen Kuxen abhängig machen. Demgemäß schlage ich vor, dem §. 111 folgende Fassung zu geben:

„Zu Beschlüssen, durch welche das Bergwerk ganz oder theilweise veräußert, zur Hypothek gestellt oder verpachtet werden soll, ist eine Mehrheit von Dreiviertheilen aller Kuxen und bei der Stellung zur Hypothek außerdem Freiheit der einzelnen Kuren von Hypotheken erforderlich."

Bei Verfügungen, welche die Consolidation benachbarter Bergwerke ꝛc. wie im §. 111.

Es wird m. E. ausreichen, wenn das erste Alinea des

§. 114, Rechte der Gläubiger,

in nachfolgender Weise beschränkt wird:

„Hypotheken und privilegirte Gläubiger, so wie andere Realberechtigte können der Ausführung eines in Gemäßheit der §§. 110 u. 111 für die Bergwerk-Besitzer verbindlichen Beschlusses nicht widersprechen."

worauf sodann die drei andern Alinea des §. 114 folgen. Denn daß zum Nachtheil der Gläubiger auf das Bergwerks-Eigenthum ganz oder theilweise nicht verzichtet werden kann, ist in den §§. 135 und 142 verordnet.

Der §. 115 mit der Ueberschrift „Ausschließung der Theilungsklage" stimmt zwar wörtlich mit dem §. 2 des Gesetzes vom 12. Mai 1851 überein. Allein correcter dürfte doch die Fassung sein:

„Der Verkauf des ganzen Bergwerkes, zum Zweck der Aufhebung der Gemeinschaft, ist beim Widerspruch auch nur eines Gewerken unzulässig."

Seit längerer Zeit ist bekanntlich als Bedürfniß, oder doch als zweckmäßig zur Sprache gebracht worden, die Kuren für bewegliche Sachen zu erklären, oder, wie der gewöhnliche Ausdruck lautet, sie zu mobilisiren. Die Vortheile, welche mit einer solchen Mobilisirung verbunden sein können, sind in neuerer Zeit zu häufig dargelegt worden, als daß es nöthig sein könnte, sie zu wiederholen; es mag nur hervorgehoben werden die durch die Mobilisirung erleichterte Verhypothecirung des ganzen Bergwerks, in dessen Interesse die Verpfändung erfolgen soll, ohne daß sie durch die zur Hypothekstellung einzelner Kuren von Seiten der Eigenthümer derselben verhindert wird, sowie die wesentliche Erleichterung des Verkehrs, indem nicht der Uebergang des Eigenthums von der Zuschreibung im Hypothekenbuche abhängig (Plenar-Beschluß des Ober-Tribunals vom 7. Juli 1851, Entscheidungen, Bd. 21, S. 10 u. ff. und meine Bemerkungen in der preuß. Gerichtszeitung III. 7) ist, welche wiederum durch die gerichtliche oder notarielle Abschließung des Kauf-Vertrages bedingt ist, vielmehr die bloße schriftliche Cession, verbunden mit der Eintragnng ins Gewerkenbuch, genügt. Ein hierauf bezüglicher Gesetz-Entwurf ist bereits in der Sitzungs-Periode von 1860/1861 dem Abgeordnetenhause vorgelegt und in dessen Commission, jedoch nur im Allgemeinen, berathen worden. Die Staats-Regierung hat ihn zurückgezogen, nicht weil über das legislative Bedürfniß der Mobilisirung an und für sich, sondern darüber eine Verschiedenheit der Stimmen obwaltete, an welche Bedingungen die Zulässigkeit der Mobilisirung zu knüpfen sei.

Der gegenwärtige Gesetz-Entwurf übergeht die Mobilisirung mit Stillschweigen. Nach den Motiven Seite 113 ist dies namentlich deshalb geschehen, weil die Frage über die Fortbildung der Gewerkschaft durch das inzwischen eingeführte allgemeine deutsche Handels-Gesetzbuch in eine wesentlich veränderte Lage gebracht sei. Die Arten von Handels-Gesellschaften, für welche jenes Rechtsbuch neue Normen geschaffen hat, sollen besonders geeignet erscheinen, auch für Gewerkschaften, welche ihre Rechtsverhältnisse durch Vertrag oder Statut feststellen wollen, als Muster und Grundlage zu dienen. Deshalb soll kein Bedürfniß mehr vorliegen durch Umgestaltung der Gewerkschaft noch eine neue besondere Gesellschaftsform für den Bergbau ins Leben zu rufen. Der Gesetz-Entwurf hat sich daher darauf beschränkt, in den §. 105 die Bestimmung aufzunehmen, nach welcher die Mitbetheiligten eines Bergwerks befugt sind, jede nach den allgemeinen Gesetzen zulässige Gesellschaftsform anzunehmen und zur Annahme einer solchen Gesellschaftsform die Zustimmung von Dreiviertheilen aller Antheile, so wie die Freiheit des ganzen Bergwerks und der einzelnen Antheile von Hypotheken und Privilegien oder die ausdrückliche Einwilligung der Hypotheken- und privilegirten Gläubiger erforderlich ist.

Ich habe zwar, wie bemerkt, gegen die Beibehaltung dieses §. an und für sich nichts zu erinnern, indem, wenn auch der erste Satz für selbstverständlich erklärt werden könnte, doch der zweite Satz einen der gesetzlichen Sanctionirung bedürfenden materiellen Inhalt hat. Allein der in Rede stehende §. befriedigt das Bedürfniß nicht. Die Formen des Handels-Gesetzbuches für offene, Commandit-, Actien- und stille Gesellschaften passen großentheils für das Verhältniß mehrerer Miteigenthümer eines Bergwerks nicht. Darin wird auch künftig nichts Wesentliches geändert werden, wenngleich der Gesetz-Entwurf vom 13. Januar 1863, welcher in der Sitzungsperiode von 1862/1863 dem Herrenhause vorgelegt und von diesem berathen, in dem Abgeordnetenhause aber wegen des Schlusses der Sitzung nicht zur Erörterung gekommen ist, zum Gesetz erhoben und dadurch die Bestimmungen des Handelsgesetzbuches über Actien-Gesellschaften auf solche Actien-Gesellschaften, bei welchen der Gegenstand des Unternehmens nicht in Handelsgeschäften besteht, mit mehreren Modificationen ausgedehnt werden sollten. Ich kann mich in dieser Hinsicht auf die überzeugenden Ausführungen von Klostermann in seinen bereits oben erwähnten Bemerkungen Seite 56 und folg. beziehen. Auch Karsten, Brassert's Zeitschrift III. 4, Seite 488 stimmt hiermit überein. Es wird deshalb das Berggesetz, wenn es nicht an einem erheblichen Mangel leiden soll, die Mobilisirung nicht unerwähnt lassen dürfen. Meine Ansicht nun über die Art und Weise, wie dies geschehen müsse, ist folgende.

Die mehreren Bergwerksbesitzer sind Miteigenthümer einer unbeweglichen Sache. Mit Recht spricht daher der §. 106 den Kuxen die Eigenschaft der unbeweglichen Sachen zu. Dies ist die von vornherein eintretende, mit dem Wesen und der Natur des vorliegenden Verhältnisses übereinstimmende Regel, wenn Mehrere mit einem Bergwerke beliehen werden. Den Miteigenthümern muß indessen die gesetzliche Ermächtigung eingeräumt werden, von jener Regel abzuweichen und die Bergantheile für bewegliche Sachen zu erklären, insofern sie dies ihrem Interesse angemessen finden. Es kann Fälle geben, wo die Vortheile der Beibehaltung des primairen Verhältnisses der Immobiliarqualität die oben hervorgehobenen Vortheile der Mobilisirung überwiegen, es kann aber auch das Gegentheil eintreten, ohne daß das Gesetz im Voraus generell beurtheilen kann, wann das Eine, wann das Andere zutrifft. Namentlich läßt sich dieß nicht, wie bekanntlich in neuerer Zeit von einigen Berggesetzen geschehen ist, nach der Zahl der Gewerken bestimmen. Die Entscheidung hierüber muß daher der

Autonomie der Gewerken überlassen werden, und da es sich hier, wenn auch nicht um eine Verfügung über die Substanz (§. 111 des Entwurfs), doch ohne Zweifel um die Annahme einer Gesellschaftsform handelt, so scheint es mir angemessen zu sein, die Mobilisirung an die Bedingungen des §. 105 zu knüpfen. Einstimmigkeit zu fordern, und es dadurch einem vielleicht zu einem kleinen Antheile mitbetheiligten, eigensinnigen oder beschränkten Gewerken möglich machen, das Bessere zu verhindern, würde augenscheinlich zu tadeln sein, wogegen andererseits, wenn selbst ein Viertel aller Antheile sich gegen die Abweichung von dem, wenn ich mich so ausdrücken darf, natürlichen und ursprünglichen Zustande ausspricht, die Verlassung des letzteren bedenklich erscheint. Es bedarf nun m. D. nur einiger weniger Paragraphen, welche füglich zwischen die §§. 106 und 107 einzuschalten wären, und kämen alsdann im Uebrigen zunächst die Bestimmungen des gegenwärtigen Titels und demnächst die der allgemeinen Gesetze in Beziehung auf die mobilisirten Kuxen eben sowohl als die nicht mobilisirten zur Anwendung.

Dies vorausgeschickt, schlage ich im Anschlusse an Klostermann a. a. O., S. 81, jedoch unter Berücksichtigung des gemeinen und rheinischen Rechts, folgende Zusätze vor:

§. 107. Die Gewerken können durch einen den Bedingungen des §. 105 entsprechenden Beschluß die Kuxen für bewegliche Sachen erklären.

Geschieht dies, so treten die in den folgenden §§. 108 bis 115 enthaltenen Bestimmungen ein.

§. 108. Die Gewerkschaft führt den Namen des ihr verliehenen Bergwerks, sofern sie nicht einen anderen Namen wählt.

§. 109. Das Bergwerk wird, falls dies nach der in dem betreffenden Landestheile bestehenden Einrichtung des Hypothekenwesens zulässig ist, auf den Namen der Gewerkschaft im Hypothekenbuche eingetragen und kann nur von ihr mit Hypotheken und dinglichen Lasten beschwert werden.

§. 110. Ueber die Mitglieder der Gewerkschaft wird bei dem Oberbergamt ein Verzeichniß, das Gewerkenbuch, geführt, und auf Grund desselben jedem Gewerken über seinen Antheil, oder auf Verlangen, über jede Kuxe ein Gewährschein ausgefertigt.

§. 111. Die Uebertragung der Kuxen wird durch schriftliche Cession bewirkt. Der Cedent ist zur Aushändigung des Gewährscheins und, wenn dieser verloren ist, zur Beschaffung der Amortisations-Verfügung auf seine Kosten verpflichtet.

Die Umschreibung im Gewerkenbuche erfolgt auf Grund der schriftlichen Cession und des eingereichten Gewährscheins.

§. 112. Die Bergbehörden betrachten den als Gewerken, welcher als solcher im Gewerkenbuche eingetragen ist.

§. 113. Die Gewährscheine werden durch Uebergabe auf Grund eines schriftlichen Vertrages verpfändet.

§. 114. Die Execution in den Antheil eines Gewerken wird durch Abpfändung eines Gewährscheins und Verkauf desselben im Wege der Mobiliar-Versteigerung vollstreckt.

§. 115. Ist ein Gewährschein verloren gegangen, so erfolgt auf Antrag und Kosten des im Gewerkenbuche eingetragenen Gewerken gegen dessen eidesstattliche Versicherung in Betreff des Verlustes durch das Ober-Bergamt das Aufgebot mit Frist von drei Monaten durch dreimalige Bekanntmachung im Amtsblatte der Regierung, in deren Bezirk das betreffende Bergwerk liegt, und in einer inländischen Zeitung. Meldet sich Niemand, so erklärt das Ober-Bergamt den Gewährschein für erloschen. In allen übrigen Stücken kommen die Bestimmungen des gegenwärtigen Titels gleichfalls zur Anwendung.

Nach m. D. reichen die vorstehenden Bestimmungen aus und dürften selbst die Gegner des erwähnten Mobilisirungsgesetzes von 1860/61 den vorstehenden Gesetzesvorschlägen ihre Zustimmung nicht versagen.

Es scheinen mir jedoch, die Kuxen mögen mobilisirt sein oder nicht, noch nähere Vorschriften über die Grubenschulden erforderlich zu sein. Wenn der Entwurf ohne weitere Zusätze ins Leben träte, so würden, insofern von den Gewerken nicht die Form einer Kommandit- oder Actiengesellschaft gewählt wäre, die Gewerken für die Grubenschulden persönlich und nach Umständen solidarisch verhaftet sein, in welcher letzteren Hinsicht wiederum nach den bekanntlich sehr von einander abweichenden Grundsätzen des gemeinen, preußischen und französischen Rechts über den Eintritt der Solidarität eine große Verschiedenheit sich ergeben würde. Nach gemeinem Bergrecht tritt in der Regel eine persönliche Haftbarkeit der Grubenbesitzer für die Grubenschulden nicht ein, in welcher Hinsicht ich auf die Abhandlung von Brassert, in dessen Zeitschrift, IV, 3, S. 365 u. folg. verweisen kann. Es ist eine Inconsequenz, wenn der §. 292, II, 1. Abth. sie nur für den Fall der Freierklärung und Caducirung ausschließt; sie widerspricht dem Interesse des Bergbaues, ohne daß deren Wegfall die Gläubiger gefährdete, und der gemeinen Meinung; vergl. meine Abhandlung in Striethorst's Archiv, Bd. 21, 367.

Außerdem entbehrt der Entwurf Bestimmungen über die Verpflichtung der Gewerken, die zum Betriebe erforderlichen Beiträge (Zubuße, vergl. Gedike in Brassert's Zeitschrift, IV., 3, S. 319 ff.) zu leisten. Die Vorschrift des §. 110 des Entwurfs, nach welcher über die Verwaltung und Benutzung des Bergwerks die einfache Stimmenmehrheit entscheidet, ist ebensowenig ausreichend, als dieß von den generellen Bestimmungen, namentlich des ersten Abschnittes, Theil I., Tit. 17 des A. L.-R. behauptet werden kann. Ich würde deshalb folgende Paragraphen hinzufügen:

Ueber die Nothwendigkeit und Höhe der zum Betriebe erforderlichen Beiträge (Zubuße) entscheidet die einfache Stimmenmehrheit innerhalb der beschlußfähigen Versammlung (§. 107 ff.).

Der Repräsentant ist ermächtigt, diese Beiträge von den Gewerken, nöthigenfalls im Wege der Klage, einzuziehen.

Für Grubenschulden und Zubuße haftet in Ermangelung einer anderen Verabredung nur das Grubenvermögen.

Nur das nach Berichtigung der Grubenschulden und Zubuße übrig bleibende Grubenvermögen kann für andere Schulden in Anspruch genommen werden.

Die Realisirung vorstehender Bestimmungen und die durch sie nöthig werdende Absonderung kann sowohl im Concurse als außerhalb desselben keine Schwierigkeiten erzeugen, weshalb es auch im Falle ihrer Annahme bei dem §. 230 des Entwurfs verbleiben kann.

Fünfter Titel.

Von den Rechtsverhältnissen zwischen den Bergbautreibenden und den Grundbesitzern.

In Betreff der Redaction des §. 117 erlaube ich mir auf meine Bemerkungen zu §. 58 zu verweisen.

Dem §. 128, welcher den Bergwerksbesitzer verpflichtet, für allen Schaden vollständige Entschädigung zu leisten, würde ich, da er eine übrigens auch nicht zu mißbilligende Specialisirung enthält, der Vollständigkeit wegen hinter dem Worte „ob die Beschädigung voraus gesehen werden konnte oder nicht" die Worte noch hinzufügen: „und ob sie von den Bergwerksbesitzern verschuldet ist oder nicht."

Den §. 130 kann ich nicht billigen. Er könnte zu großen Härten nnd selbst Ungerechtigkeiten führen. Einem Grundeigenthümer, der auf seinem Grund und Boden Gebäude errichtet, oder andere Anlagen macht, kann ein Urtheil darüber nicht zugemuthet werden, ob bereits Grubenbaue vorhanden sind, durch welche seine Gebäude und Anlagen beschädigt werden können. Häufig würde er sogar, wenn er sich an die Bergbehörden wendete, eine sehr unbestimmte oder gar keine Auskunft hierüber erhalten, indem das Gesetz die Behörden zu letzterer nicht verpflichtet. Der Grundbesitzer würde durch die Sanction des §. 130 in eine viel nachtheiligere Lage kommen, als in welcher er gegenwärtig auf Grund des bekannten §. 116b, II., 16 d. A. L. R., nach welchem der Grundbesitzer unter gewissen Voraussetzungen sich die Baustelle soll anweisen lassen, sich befindet, indem bis jetzt noch kein Fall bekannt geworden ist, in welchem auf Grund dieses Gesetzes der Oberflächen-Eigenthümer seines Entschädigungsanspruches von den Gerichten für verlustig erklärt wäre. Ich würde daher den §. 130 gänzlich wegfallen lassen. Sollte aber dessenungeachtet eine Bestimmung für nöthig erachtet werden, so würde ich, wenn ein Grundeigenthümer auf seinem Grundstücke Anlagen errichtet, welchen die bereits vorhandenen Grubenbaue nachtheilig werden können, die Grubenbesitzer für verpflichtet erklären, dies dem Grundeigenthümer mitzutheilen. Letzterer kann alsdann nur dasjenige als Entschädigung verlangen, was das Grundstück mehr werth sein würde, wenn der Grubenbau nicht Statt gefunden hätte. Baut er dessen ungeachtet, so kann er keine weitere Entschädigung in Anspruch nehmen. Unterläßt der Grubenbesitzer die Warnung, so ist es ohne Einfluß auf die Entschädigungspflicht, daß der Grubenbau älter ist als die Anlage auf der Oberfläche. Demgemäß würde ich den §. 130 in nachstehender Art redigiren:

„Wenn dem Grundeigenthümer, der im Begriffe steht, Gebäude oder andere Anlagen auf der Oberfläche zu errichten, durch den Grubenbesitzer eine vom Revierbeamten als richtig bezeugte Anzeige gemacht wird, daß Grubenbaue bereits vorhanden seien, durch welche die beabsichtigte Anlage beschädigt werden könne, so kann der Grundbesitzer nur den durch den Grubenbetrieb veranlaßten Minderwerth seines Grundstücks erstattet verlangen.“

In Ansehung des

Sechsten Titels,

Von der Aufhebung des Bergbaurechts,

finde ich nichts zu erinnern.

Im §. 153 des

Siebenten Titels,

Von den Bergbehörden,

möchte, um zu ersehen, bei welcher Behörde die Beschwerde innerhalb der vierwöchentlichen Frist eingereicht werden muß, hinter dem Worte „angerechnet“ der Zusatz zu machen sein: „bei der vorgesetzten Behörde“.

Im

Achten Titel,

Von der Bergpolizei,

würde ich die sämmtlichen §§. 157—175 streichen und die hieraus von selbst sich ergebenden Abänderungen der §§. 176 und

177 bewirken. Da nämlich, wie der §. 156 verordnet, die Ober-Bergämter befugt sind, bergpolizeiliche Vorschriften über die im §. 155 aufgeführten Gegenstände zu erlassen, so scheint es mir nicht nothwendig zu sein, dergleichen in das allgemeine Berggesetz aufzunehmen. Das Berggesetz soll dauernde und bleibende Bestimmungen in sich aufnehmen. Bergpolizeiliche Vorschriften richten sich nach Zeit und Umständen.

Neunter Titel.

Von der Bergwerkssteuer.

Obgleich eine Besteuerung des Brutto-Ertrages minder rationell ist, als eine Steuer vom Reinertrage, so kann es doch nur gebilligt werden, wenn zur Zeit die erst durch das Gesetz vom 20. October 1862 sanctionirte Besteuerung der Bergwerke nicht schon wieder durch das gegenwärtige Berggesetz einer radicalen Umänderung unterworfen wird.

Zum

Zehnten Titel,

Von den Knappschafts-Vereinen,

und

Elften Titel,

Von den Bergschulen,

habe ich nichts zu bemerken.

Im

Zwölften Titel,

Provinzialrechtliche Bestimmungen,

wird im §. 212 Alinea 1 noch das Gesetz vom 1. Juni 1861 zu erwähnen, dagegen der §. 214 wegen des inzwischen erschienenen

Gesetzes vom 5. Juni 1863 wegen Verwaltung der Bergbau-Hilfskassen zu streichen sein.

Dreizehnter Titel.

Uebergangsbestimmungen.

Die Vorschrift des §. 221, nach welcher bei den bereits bestehenden Bergwerken in den rechtsrheinischen Landestheilen die seitherige Kuxeintheilung aufrecht erhalten, jedoch die Einführung des Decimalsystems schon dadurch befördert werden soll, daß von jetzt an eine Kuxe nur noch in 10 Theile getheilt werden darf, wird wohl ebensowenig Widerspruch erfahren, als die Sanction, nach welcher durch einen Mehrheitsbeschluß von drei Viertheilen aller Kuxen deren Zahl auf Tausend zurückgeführt werden kann. Wenn aber die Ausnahme hinzugefügt wird, „sofern hierdurch nicht Rechte der Hypotheken und privilegirter Gläubiger berührt werden", so dürfte m. E. diese Beschränkung füglich wegbleiben, indem durch eine andere Kuxeintheilung und durch den eventuell nöthig werdenden Wechsel der Besitzer der Kuxen eine Benachtheiligung der Rechte der erwähnten Gläubiger nicht scheint herbeigeführt werden zu können.

Dagegen würde ich mit Rücksicht auf die von mir oben in meinen Bemerkungen zum vierten Titel vorgeschlagene Mobilisirung der Kuxen einen neuen Paragraphen etwa dahin formuliren:

> „Die Bestimmungen der §§. (107—115 meiner Vorschläge) finden auch auf die zur Zeit der Publication des gegenwärtigen Gesetzes bereits bestehenden Bergwerke Anwendung,"

damit kein Zweifel darüber obwalten kann, daß letztere von der Möglichkeit der Mobilisirung nicht ausgeschlossen sind.

Der §. 222 will, wenn die Besitzer eines bestehenden Bergwerks nicht die Zurückführung der Zahl der Kuxen auf Tausend beschließen, unter Beibehaltung der bisherigen Kuxenanzahl von 128 die Theilung einer jeden Kuxe in Zehntheile ermöglichen. Dies kann ich nicht billigen, es wird dadurch ohne Noth die Verschiedenheit der Kuxen nur begünstigt. Erklärt die Dreiviertel=Mehrheit sich für die Theilung jeder der 128 Kuxen in Zehntel, dann wird sie bei der gesetzlichen Unzulässigkeit dieser Theilung ohne Zweifel auch auf die Zurückführung sämmtlicher Kuxen auf Tausend eingehen. Die Schwierigkeiten werden in beiden Fällen in der Regel ziemlich dieselben sein. Ist gegenwärtig zur Fortführung des Hypothekenbuches die Abänderung der bestehenden Bruchtheile nothwendig, so mögen die Gewerken zur Einführung der Tausend=Theilung für verpflichtet erklärt werden. Auch scheint mir das weiter im §. 222 vorgeschriebene Verfahren theils nicht angemessen zu sein, theils nicht zu dem beabsichtigten Ziele zu führen. Ich beantrage demgemäß, dem §. 222 folgenden Paragraphen zu substituiren:

„Wenn die Gewerken den Beschluß, betreffend die Zurückführung der Kuxen auf Tausend, binnen drei Monaten durch gütliche Einigung nicht ausführen oder wenn die Hypothekenbehörde die Tausendtheilung für die Fortführung des Hypothekenbuchs erforderlich erklärt, so hat das Ober=Bergamt im letzteren Falle von Amtswegen, im ersteren Falle auf Antrag wenn auch nur eines Gläubigers die Angelegenheit in der Art zu ordnen, daß die in ganzen Tausendtheilen nicht auszudrückenden Bruchtheile durch Zusammenwerfen derselben als Tausendtheile

1) im Wege der nothwendigen Subhastation verkauft und die Kaufpreise unter die Betheiligten vertheilt werden,
2) wenn sich aber kein Käufer findet, jene unter sämmtliche Betheiligte verloost werden.

Die Zahl der einem jeden der Gewerken zuzutheilenden Loose richtet sich nach dessen Betheiligung.

Dem Gewinnenden wird das ihm zufallende Tausendtheil ohne Vergütung zugeschrieben.

Die Kosten des Verfahrens werden u. s. w. wie im letzten Alinea des §. 222.

Vierzehnter Titel.

Schlußbestimmungen.

Unter den Gesetzen, welche in Folge des neuen Bergrechts außer Wirksamkeit treten, sind im §. 227 noch die Declaration vom 27. October 1804, das Gesetz vom 1. Juli 1821 und das vom 20. October 1862 zu erwähnen.

Die Schlußworte, denen zufolge außer Wirksamkeit gesetzt werden alle Gesetze ꝛc. für Gegenstände, auf welche das gegenwärtige Gesetz Bezug hat, gehen m. E. zu weit. Blieben sie bestehen, so würden manche gesetzliche Bestimmungen, deren Aufhebung das Gesetz nicht beabsichtigen kann, durch das Berggesetz abgeschafft werden, z. B. §. 37, I. 21, Allg.-Land-Recht, nach welchem bei solchen unterirdischen Erzeugnissen, die zu den Regalien gerechnet werden, dem Nießbraucher blos die Nutzung der auf den Eigenthumsantheil fallende Ausbeute gebührt. Es muß deshalb statt der mitgetheilten Schlußworte etwa heißen müssen:

„für Gegenstände über welche das gegenwärtige Gesetz verfügt."

Endlich wird dem §. 227 noch der Zusatz zu ertheilen sein:

„Dagegen verbleibt das Gesetz vom 5. Juni 1863 wegen Verwaltung der Bergbau-Hülfs-Cassen, (Gesetz-Samml. S. 365) in Kraft."

Es wird um Berichtigung nachstehender Druckfehler gebeten:

1. Seite 14, Zeile 8 u. 9 von oben statt „zuläßig" muß es heißen „unbedenklich".
2. Seite 21, in der letzten Zeile des §. 24 vor dem Worte: „noch" ist das Wort „nicht" einzuschalten
3. Seite 35 muß es im §. 114 in der zweiten Zeile statt „eines" „seines" heißen.
4. Seite 36, Zeile 7 von oben statt „1. Abth." ist zu setzen: „16, Allg. Land-Recht".
5. Seite 41, Zeile 14 von unten statt „Gläubigers" ist zu setzen „Gewerken".
6. Seite 42, Zeile 7 von unten statt „muß" ist zu setzen „wird."

Druck von J. Draeger's Buchdruckerei (C. Feicht) in Berlin, Adlerstraße 9.

FSC
www.fsc.org
MIX
Papier | Fördert
gute Waldnutzung
FSC® C083411

Kolibri 360 GmbH
Ferdinand-Jühlke-Straße 7
99095 Erfurt, Deutschland
produktsicherheit@kolibri360.de